Requirement Engineering 2.0

Einbezug agiler Frameworks

Dipl. Ing. Uwe Irmer

© 2021
Herstellung und Verlag: BoD – Books on
Demand, Norderstedt.

MniConsult GmbH
Schweiz, Appenzell
Uwe Irmer
Dipl. Ing. Univ.
Dipl. Wirtschaftsingenieur

ISBN: 9783754325773

Inhaltsverzeichnis

> *Wie töricht ist es, Pläne für das ganze Leben zu machen, da wir doch nicht einmal Herren des morgigen Tages sind.*
> **Lucius Seneca, 4 v.Chr.- 65 n.Chr.**
> **Röm. Philosoph.**

Vorwort

Im Corona Jahr 2020- lassen Sie mich dies bitte so nennen- ist der Gedanke zu diesem Booklet entstanden. Doch wo ist der Zusammenhang zwischen einer Pandemie und einer klassischen Methode zur Unternehmensführung und Projektsteuerung?
Was die Gesellschaft und die Wirtschaft bislang in 2020 erfahren durfte ist, dass sich Bekanntes ändern wird. Die Gesellschaft und die Wirtschaft werden in eine neue Epoche transformiert. Dies erfordert für Unternehmen eine Anpassung an die neue Situation, das Beschreiten neuer Wege, ohne alles Bisherige über Bord zu werfen.

Das vorliegende Booklet soll einen kurzen und schnellen Einstieg in das Thema Requirement Engineering gemäss dem klassischen Ansatz liefern. Ausgehend davon, wie die Qualität von Projekten und Unternehmensplanungen verbessert werden soll, wird der Bogen gespannt in die Welt der agilen Frameworks. Ein Ansatz, der schnelle und flexible Vorgehensweisen liefert, um auf Veränderungen reagieren zu können, oder im Idealfall proaktiv auf neue Situationen vorbereitet zu sein.
Ein Ansatz, den die Gesellschaft und die Wirtschaft in den nächsten Jahren möglicherweise dringend bedarf.

Appenzell, Juli 2021
Dipl. Ing. Uwe Irmer

Begriffe

Begriff	Erläuterung
Enablement	Befähigung, um einen Prozess oder System anwenden zu können.
Epic	Im Sinne des Anforderungs- oder Requirement Managements, die Beschreibung einer Anforderung auf einer hohen Abstraktionsebene. Zum besseren Verständnis und zur Erhöhung des Verständnisses wird das Epic in mehrere User Stories aufgeteilt.
Item	Element, Objekt im Zusammenhang mit einem Prozess oder System.
Skill	Fähigkeiten einer Person oder Teams.
skill gap	Ermittelte Differenz zwischen vorhandenen und benötigten Fähigkeiten einer Person oder eines Teams, um eine Aufgabe oder ein Ziel zu erreichen.
Softskills	Persönliche, soziale und methodische Kompetenzen einer Person.
user story	Die Beschreibung einer Eigenschaft oder Fähigkeit eines Systems oder Prozesses auf umgangssprachlicher Basis

Motivation zur Änderung

In den letzten 15 Jahren haben immer mehr
Unternehmen agile Frameworks umgesetzt.
Kommt der Ansatz ursprünglich aus der
Software Entwicklung, so wurden die
Frameworks auch zunehmend in andere
Geschäftsprozesse integriert.
Dabei baut sich immer mehr ein Spannungsfeld
zwischen den neuen Vorgehensweisen und den
klassischen Methoden auf.

Eines davon ist das Requirement Engineering. Im
klassischen Sinn ein unerlässlicher Baustein, um
Unternehmensziele umzusetzen und um Projekte
erfolgreich zum Abschluss zu bringen. In dem
Sinne, dass die Bedürfnisse des Projekt
Auftraggebers optimal erfüllt sind.
Doch- das klassische Requirement Engineering
setzt auf den klassischen Methoden auf. Wie ist
dies in Einklang zu bringen mit den neuen agilen
Frameworks? Abläufe sind in den Unternehmen
etabliert und funktionieren. Und daher auf das
bewährte Requirement Engineering verzichten?

Oder ist dieses allenfalls sogar überflüssig, ist
der Ansatz veraltet und sollte ersetzt werden?

Dieses Booklet zeigt Möglichkeiten auf, um das
Requirement Engineering auch in agilen
Frameworks einzugliedern.

Requirement Engineering

An dieser Stelle soll zuerst die kurze Einführung
in das Thema Requirement Engineering erfolgen.
Hierfür zuerst zwei Definitionen:

Stakeholder
Stakeholder sind alle Personen, Gruppen oder
Institutionen, die Interesse, Beteiligung oder
Bezug an der Entwicklung und dem Wert eines
Systems oder eines Prozesses haben. Dabei
sind auch der individuelle Nutzen des
Stakeholders in Betracht zu ziehen sowie die
Aufwände für Betrieb und Enablement.

Definition 1, Stakeholder

Requirement
Das Bedürfnis eines Stakeholders, um ein
Problem zu lösen oder um Ziele umzusetzen.
Requirements müssen für alle Stakeholder
sichtbar und verstanden sein.
Die Liste aller Requirements beschreibt den
aktuellen oder künftigen Status im Unternehmen.

Definition 2, Requirement

Requirements lassen sich in verschiedene
Klassen einteilen.

- **Business Requirements**:
    - Dies sind High Level Statements
      über Ziele oder Bedürfnisse
      eines Unternehmens.
    - Diese beschreiben den Grund
      warum ein Projekt gestartet wird,
      Ziele, die erreicht werden sollen
      und die Metriken anhand deren
      der Erfolg gemessen wird.
    - Beschreibt Bedürfnisse des
      Unternehmens als Ganzes, nicht
      einzelner Stakeholder.
    - Werden durch **Enterprise
      Analysis** erarbeitet und definiert.
- **Stakeholder Requirements**:
    - Bedürfnisse eines Stakeholders.
    - Werden durch **Requirements
      Analysis** entwickelt.
- **Solution Requirements**: Beschreiben
  die Charakeristiken einer Lösung, die
  Business und Stakeholder Requirements
  abdeckt. Entwickelt durch
  Requirements Analysis.
    - Funktionale Anforderungen:
      Beschreibt Verhalten und
      Information, die die Lösung
      leistet. Fähigkeiten die das
      System leistet.
    - Nicht funktionale Anforderungen:
      Umgebungsbedingungen unter

denen die Lösung effektiv bleiben muss. Qualitäten, die das System haben muss. Anforderungen an Kapazitäten, Geschwindigkeit, Security, Verfügbarkeit, Architektur, user interface.

- **Transition Requirements**:
  - o Fähigkeiten der Lösung, um vom gegenwärtigen Stand in den Zielzustand zu kommen.
  - o Typisch Daten Umwandlung vom bestehenden System ins neue, skill gaps die adressiert werden müssen.
  - o Entwickelt durch **Solution Asessment und Validation**.

Requirement Engineering lässt sich nun zusammenfassen mit diesen Aufgaben:

Es umfasst das Management aller Anforderungen oder Requirements eines Unternehmens.

Alle relevanten Anforderungen der Stakeholder müssen bekannt sein und sind zu dokumentieren. Ebenso ist ein Konsens zwischen den einzelnen Requirements der Stakeholder herzustellen.

Weiterhin muss sichergestellt sein, dass die Bedürfnisse der Stakeholder richtig verstanden sind und dass alle Requirements dokumentiert sind und für alle Stakeholder verfügbar sind. Dabei muss sichergestellt sein, dass die Dokumentation in einer Form erfolgt, damit ein gemeinsames Verständnis aller Requirements für alle Stakeholder erfolgt.

Schliesslich sind die Requirements zu spezifizieren und zu managen, um das Risiko zu minimieren, dass das zu liefernde System nicht den Anforderungen der Stakeholder entspricht.

Die Haupttätigkeiten des Requirement Engineering sind daher:

- Ermitteln aller Requirements
- Dokumentieren in einer Form, dass die Requirements von allen Beteiligten verstanden werden.
- Prüfen und Abstimmen der Requirements.
- Verwalten und Priorisieren der Requirements

Im klassischen Ansatz ist das Requirement Engineering eingegliedert in die strategische Unternehmensplanung- siehe Business Requirements- als auch in die klassische Projektplanung- siehe Stakeholder, Solution und Transition Requirements.

Im klassischen Ansatz stehen hierfür zwei Methoden zur Verfügung:

Einmal die Wasserfall Methode, die besagt, dass in einem Projekt erst nach dem Abschluss einer Phase die darauffolgende Projektphase starten kann. Um die Qualität in Projekten zu erhöhen erfolgt abhängig von der angewandten Projektmanagement Methode nach jedem abgeschlossenen Projektabschnitt ein Quality Gate, ein Auditprozess, in dem nach vorgegebenen Kriterien die jeweiligen Lieferobjekte der abgeschlossenen Projektphase überprüft werden. Erst nach Freigabe des Quality Gates kann die darauffolgende Projektphase starten.

Eine andere Methode ist der Iterativ-Inkrementelle Ansatz. Demnach werden Artefakte aus dem Projekt ausgeliefert, auch wenn Artefakte für die vollständige Lieferung des Projektabschnitts noch nicht implementiert sind.

Entsprechen den Aufgaben des Requirement Engineering ergeben sich zwei Haupt Herausforderungen:

1. Dokumentation
2. Ermitteln aller Requirements und Abstimmung zwischen allen Stakeholdern

Betreffend der ersten Herausforderung, Dokumentation. Diese soll gemäss den Richtlinien des Requirement Engineering in einer Form erfolgen, dass die Dokumentation von allen Beteiligten verständlich ist.
Hier sind zwei Erkenntnisse wertvoll.

Zum einen, dass es Kommunikationsstörungen zwischen dem Sender einer Information und dem Empfänger gibt. So gilt der Grundsatz, dass sowohl der Sender als auch der Empfänger einer Information unterschiedliche Erfahrungen und Wissens Hintergründe haben. Dies führt zu

Missverständnissen, Verzerrungen und Ungenauigkeiten. Eine Praxis, die im Requirement Engineering beherrscht werden muss, um einen Wissenskonsenz herzustellen.

Zum tieferen Verständnis zur Herstellung eines homogenen Wissen Transfers zwischen dem Sender und dem Empfänger seien hier zwei Modelle aufgeführt:

Zum Einen das 4 Seiten Modell von Thun. [1]
Dieses Modell der Kommunikationspsychologie besagt, dass eine Nachricht unter vier Ebenen beschrieben wird.
Der Sachebene, der Beziehungsebene, der Selbstoffenbarung und dem Appell.
Interessant ist die Kenntnis, dass sowohl der Sender als auch der Empfänger derselben Nachricht in unterschiedlichen Ebenen kommunizieren, ohne dies dem Gegenüber der Kommunikation mitzuteilen, und teilweise auch ohne eigenes Wissen. Dies führt zwangsläufig zu Verzerrungen und Missverständnissen in der Nachrichtenübermittlung und ist dringend zu berücksichtigen.

Zum Zweiten das Sophisten Requirements-Engineering und -Management [I], das ebenfalls wichtige Erkenntnisse liefert.

---

[1] https://de.wikipedia.org/wiki/Vier-Seiten-Modell

Zum anderen hat die Dokumentation in einer Form zu erfolgen, damit diese von allen Beteiligten gleichermassen verstanden wird. Verfahren hierfür sind Prinzipien wie UML[2], Prozess Methoden oder das Sophist Requirements-Engineering und -Management [I].

Die zweite Herausforderung ist das Ermitteln aller Requirements und das Abstimmen zwischen den Stakeholdern.
Eine wesentliche Erkenntnis hierzu ist festzuhalten, dass nicht alle Requirements von den Stakeholdern kommuniziert werden oder dass alle Requirements in einer Dokumentation zusammengefasst werden. Die Ursachen hierfür liegen im individuellen und fachlichen Hintergrund der jeweiligen Person. Hierzu sind Aspekte der persönlichen Erziehung, der persönlichen Entwicklung, der Ausprägung von Softskills und des sozialen Verhaltens, als auch der fachlichen Aus- und Weiterbildung heranzuziehen.
Als Resultat nennt eine Person beispielswiese zu einem Requirement weitere Informationen nicht, weil die Person aufgrund ihres persönlichen Hintergrunds davon ausgeht, dass diese Informationen allgemein bekannt sind oder vorausgesetzt werden können.

---

[2] https://www.enzyklopaedie-der-wirtschaftsinformatik.de/lexikon/is-management/Systementwicklung/Hauptaktivitaten-der-Systementwicklung/Problemanalyse-/Objektorientierte-Modellierung/UML-basierte-Modellierung/index.html

Agile Frameworks

Seit der Einführung automatisierter Produktionsprozesse ist es das Bestreben, diese Prozesse zu optimieren und flexibel zu gestalten. So reichen die Grundgedanken zu Kanban [3] in die 1940er Jahre zurück. Der Gedanke damals wie heute ist die Flexibilität gegenüber neuen Anforderungen an ein Produkt oder einen Prozess und die Befähigung, schnell eine Lösung liefern zu können, die für den Stakeholder einen Mehrwert liefert.

An dieser Stelle sollen zwei agile Frameworks vorgestellt werden [aus II]

- Scrum
- Kanban

Scrum

Scrum ist ein Framework, welches von selbstorganisierten Teams eingesetzt wird, erstmals 1995 von Ken Schwaber und Jeff Sutherland beschrieben und bis heute weiterentwickelt [4]. Scrum sieht ein schlankes Rollenmodell vor.
Den Product Owner, der die Verantwortung für ein Produkt oder Lösung hat und das Ziel verfolgt, dass das Produkt ständig angepasst und erweitert wird, um dem Nutzer einen

---

[3] Japanisch SIgnalkarte
[4] The Scrum Guide, https://www.scrumguides.org

Mehrwert zu bieten.
Das Dev Team, deren Mitglieder die Artefakte
des Produkts entwickeln und bereitstellen.
Den Scrum Master der überwacht, dass die
Regeln des Scrum Frameworks von allen
Beteiligten eingehalten werden und der das Dev
Team und den Product Owner beim Verständnis
und Umsetzen des Scrum Frameworks
unterstützt.

Die drei Rollen gemeinsam bilden das Scrum
Team.

Das Vorgehen stützt sich auf drei Ansätze.

1. Empirisch, das heisst ein lernender Ansatz.

2. Iterativ, genauer regelmässige und kurze
   Zyklen und

3. Inkrementell, was eine stufenweise
   erweiternde Vorgehensweise bedeutet.

Die Entwicklung eines Artefakts erfolgt dabei
genauso wie die Planung, iterativ und
inkrementell. Dies soll der Erkenntnis Rechnung
tragen, dass bisherige Projekte zu komplex sind
und dass zu Projektbeginn nicht alle
Anforderungen und Lösungsansätze vollständig
bekannt sind.
Scrum Teams können flexibel auf Veränderungen
aus dem Umfeld, zum Beispiel der Cloud
Technologie die im ständigen Wandel ist,
reagieren als dies durch klassische
Projektmethoden möglich wäre.

Ein wesentliches Merkmal bei Scrum ist dabei,
dass ein Release in mehrere Sprintzyklen

unterteilt wird. Jeder Sprint hat eine vereinbarte feste Dauer von 1 bis maximal 4 Wochen. Aus einem Katalog von Userstories, Anforderungen und Epics, dem Backlog, zieht das Dev Team selbständig Elemente in das Sprintbacklog, um diese Elemente zu einem Artefakt zu kombinieren welches am Ende des Sprints geliefert wird. Das Artefakt ist eine Ergänzung zu den vorhergehenden Artefakten und soll eine Verbesserung und Wertsteigerung bringen.

Die Zusammenarbeit des Scrum Teams beschreibt das Manifest von Scrum:

- Individuen und Interaktionen haben Vorrang vor Prozessen und Werkzeugen.
- Funktionsfähige Produkte haben Vorrang vor ausführlicher Dokumentation.
- Zusammenarbeit mit dem Nutzer hat Vorrang vor Vertragsverhandlungen.
- Das Eingehen auf Änderungen hat Vorrang vor strikter Planverfolgung.

Die nachfolgende Übersicht fasst das Vorgehen agiler Teams nach Scrum zusammen.

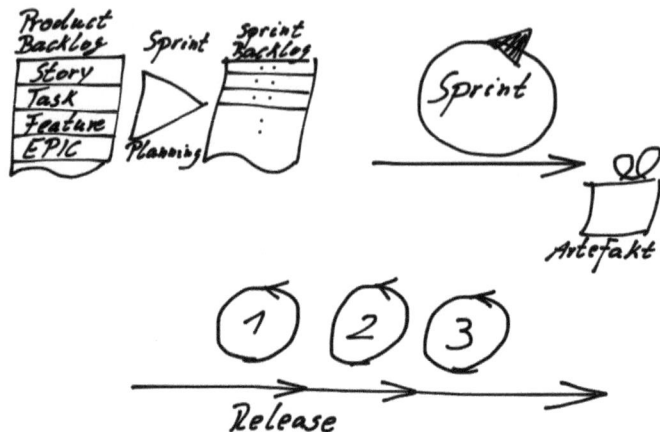

Abbildung 8, Vorgehen agiler Teams nach
Scrum, aus [II]

Zuerst die Plandarstellung, dass ein neues
Release eines Artefakts in 3 Sprints erstellt
werden soll. Wobei jeder Sprint eine
Verbesserung zum vorhergehenden
Versionsstand liefert.
Ebenso legt das Team die Zeitdauer eines
Sprints fest, wobei jeder Sprint die gleiche
Zeitdauer hat.

Schliesslich das Product Backlog, welches der
Product Owner erstellt und pflegt und laufend
ergänzt. Oder detaillierter, der Product Owner
fasst das Product Backlog als Ergebnis seiner
Ideen zum Produkt, aus dem Feedback der
Nutzer etc. zusammen.
Bestandteile des Product Backlog können
Aufgaben (Tasks), Eigenschaften (Features), User
Stories oder EPICs sein.

In der Sprintplanung, zu Beginn eines jeden Sprints, entnimmt das Dev Team Items aus dem Product Backlog und übernimmt diese in das Sprint Backlog. Dieser Vorgang erfolgt nach dem Pull Prinzip was bedeutet, dass das Dev Team entscheidet welche Items in den Sprint aufgenommen werden. Anders wäre das Push Prinzip, mit dem eine zum Dev Team externe Rolle Items in den Sprint einbringt.

Das Dev Team bearbeitet nun in der vorgegebenen Zeit des Sprints die Items des Sprint Backlogs und liefert zu Ende des Sprints eine entsprechende Version des Artefakts.

Kanban

Kanban[5] hat seine Ursprünge in der japanischen Wirtschaft und wurde erstmals von Toyota [6] für Produktionsprozesse eingesetzt. Für die Informationstechnologie hat es 2007 David Anderson [7] adaptiert und vorgestellt.
Kanban kennt ebenso wie Scrum selbstorganisierte Teams, die fortlaufend Artefakte nach dem Pull Prinzip erstellen.

Die Kanban Teams arbeiten nach dem Prinzip zusammen, permanent iterative Verbesserungen der Arbeitsweise vorzunehmen.
Zudem wird für jeden Beteiligten der Arbeitsfluss sichtbar gemacht mit dem Ziel, einerseits den Fortschritt zu visualisieren und es andererseits zu ermöglichen, den Arbeitsfluss zu optimieren.
Anders als bei Scrum kennt Kanban ein laufendes Pull Prinzip ohne Anfang und Ende.
Auch gibt es eine vom Team festgelegte Limitierung betreffend der Artefakte die gleichzeitig in Bearbeitung sind.

Kanban visualisiert den Arbeitsfluss mithilfe des Kanban Boards, wie nachfolgend dargestellt.

---

[5] Japanisch SIgnalkarte
[6] https://www.toyota-global.com
[7] Nicht mehr online verfügbar

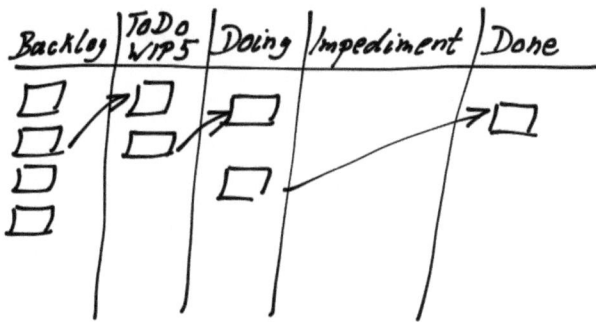

Abbildung 9, Kanban Board, aus [II]

Items wie Features, Aufgaben, User Stories etc.
sind im Backlog aufgeführt.

Die Team Mitglieder wählen daraus ein Item und
ziehen es in den Bereich ToDo. In diesem
Beispiel ist die Eigenschaft Work in Progress
WIP auf 5 begrenzt, was bedeutet, dass nicht
mehr als 5 Items im Bereich ToDo sein dürfen.

Ein einzelnes Teammitglied zieht anschliessend
aus dem Bereich ToDo das Item, welches das
Mitglied bearbeiten wird, in den Bereich Doing.
Sollte es während des Arbeitsprozesses
Probleme geben, die das Team nicht lösen kann-
zum Beispiel Compliance Themen,
unberücksichtigte technische Einschränkungen
etc.- dann wird das Item in den Bereich
Impediment verschoben. Mitarbeitende im
Unternehmen, die diese Items bearbeiten und
die Probleme beheben können, entnehmen
dieses Item in ihr Backlog und liefern das
Ergebnis als Eingabe in das Backlog dieses
Teams zurück.

Items, die ohne Probleme fertiggestellt werden können, werden schliesslich in den Bereich Done verschoben.

Agiles Requirement Engineering

Nach dem zuvor ausgeführten komme ich zu der oft gestellten Frage: Braucht es überhaupt noch ein Requirement Engineering?
Ist es nicht so, dass sich die agilen Teams selbständig organisieren und Artefakte entsprechend dem Sprint Backlog liefern, welches wiederum Bestandteile des Product Backlogs sind?
Und ist es nicht so, dass der Product Owner im ständigen Austausch mit den Stakeholdern ist, um entsprechend das Product Backlog anzupassen, um sein Produkt mit genau den Eigenschaften und Fähigkeiten zu liefern, damit dieses einen Mehrwert für die Stakeholder liefert?
Also um genau die Anforderungen der Stakeholder zu erfüllen?

Dem gegenüber stehen die Argumente des klassischen Requirement Engineering:

Wie ist sichergestellt, dass das gelieferte Produkt Bestandteil der Unternehmensstrategie ist und sich somit in das Produkt Portfolio des Unternehmens integriert?

Wie erfolgt die Abstimmung mit den anderen Produkten des Unternehmensportfolios? Können Synergieeffekte genutzt werden?

Wie nimmt der Product Owner die Aufgaben des Requirement Engineering wahr? Sind wirklich alle Aspekte des Requirement Engineering berücksichtigt?

Wie sind die Aspekte des Risk Management, der Compliance und besonders die Fähigkeiten des Unternehmens berücksichtigt?

Um die gegensätzlichen Ansichten zu harmonisieren liefert der Ansatz des agilen Requirement Engineering einen Vorschlag, in Anlehnung an [III]:

Klassische Prozesse des Requirement Engineerings und der Business Analyse werden in die agilen Frameworks integriert.

Die Übersicht zeigt diese Grafik:

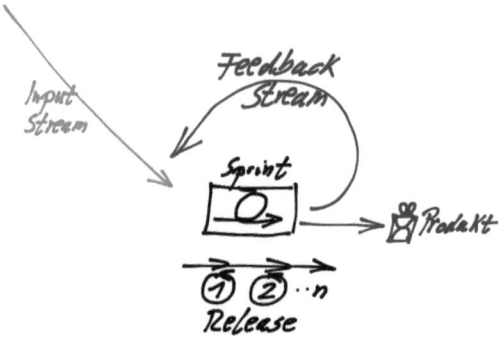

Das agile Framework mit Sprint Planning, Sprint und Releases wird um zwei Bestandteile erweitert:

Den Input Stream und
Dem Feedback Stream.

Der Prozess liefert ein Produkt, welches den
Anforderungen der Stakeholder entspricht,
welches aber auch dem Portfolio des
Unternehmens entspricht inklusive der
Berücksichtigung und Erfüllung aller
Bedingungen des Governance, Risk und
Compliance Regelwerks des Unternehmens.

Der Input Stream

Die nachfolgende Übersicht zeigt den Input
Stream.

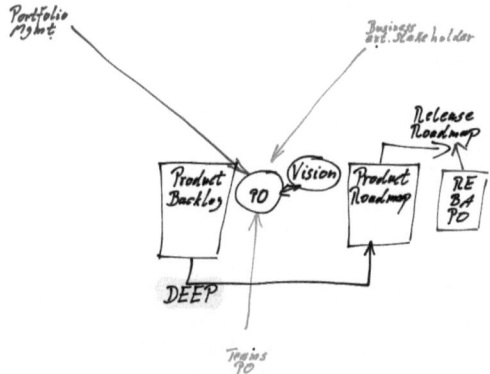

Im Mittelpunkt steht der Product Owner PO.
Entsprechend dem Scrum agile Framework ist
der Product Owner für sein Produkt
verantwortlich und bestrebt, den Stakeholdern
einen Mehrwert zu bieten, respektive den Wert

des Produkts zu steigern. Der Product Owner entwickelt eigene Visonen betreffend seines Produkts und bringt diese in das Product Backlog ein. In Ergänzung zum Scrum agile Framework erhält der Product Owner Inputs aus dem Portfolio Management des Unternehmens, aus dem Business sowie den Stakeholdern sowie aus dem Team der Product Owner.

Alle diese Informationen nimmt der Product Owner in das Product Backlog entsprechend dem Prinzip DEEP auf.

DEEP bezieht sich auf Englische Begriffe und steht dabei für

[D]etailed: Detailliert
[E]stimated: Es erfolgte eine Abschätzung
[E]mergency: Die Dringlichkeit wurde bewertet
[P]riorized: Eine Priorisierung ist vorgenommen worden

Dementsprechend entsteht die Product Roadmap.
Unter Einbezug der Product Owner PO des PO Teams, der Business Analysten BA sowie der Requirements Engineers RE- diese Rolle kann jeweils der Product Owner übernehmen- entsteht das Release Roadmap. Dieses liefert den Prodcut Backlog entsprechend dem Scrum agile Framework für das Entwicklerteam. Die weitere Vorgehensweise erfolgt entsprechend dem Scrum agile Framework.

Das Team liefert schliesslich ein Artefakt zur Auslieferung.

Die zweite Erweiterung des Scrum agile
Frameworks ist der Feedback Stream.

Der Feedback Stream

Die nachfolgende Übersicht zeigt den Feedback
Stream.

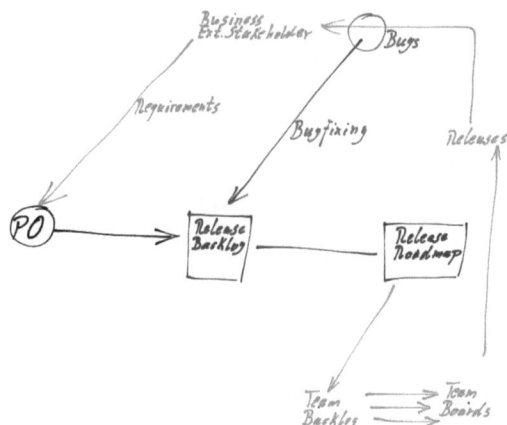

Wie beschrieben erstellt der Product Owner das
Release Backlog sowie die Release Roadmap.
Entsprechend dem Scrum agile Framework
übernimmt das DEV Team daraus Elemente in
das Sprint Backlog und liefert schliesslich das
Produkt Artefakt. Sind mehrere DEV Teams an
einen Produkt beteiligt, dann übernimmt jedes

DEV Team Elemente aus dem Release Roadmap
in das Sprint Backlog um jeweils ein Artefakt zu
liefern. Die Artefakte werden nach Auslieferung
zu einem Produkt Release zusammengefasst
und ausgeliefert.

Der Feedback Stream bietet zwei Möglichkeiten,
um Einfluss auf das Produkt zu nehmen.

Der erste Weg ist das Erkennen von Fehlern oder
Abweichungen von den geforderten
Eigenschaften der Artefakte. Die Abweichungen
werden vom Product Owner dokumentiert und in
das Release Backlog aufgenommen.
Mit hoher Priorität versehen werden diese
Elemente von den DEV Teams in das Sprint
Backlog übernommen, um bearbeitet zu werden.

Der zweite Weg sind neue Anforderungen der
Stakeholder. Diese resultieren aus den
Eigenschaften des ausgelieferten Artefakts und
erzeugen neue Bedürfnisse bei den
Stakeholdern.
Der Product Owner dokumentiert diese neuen
Anforderungen, stimmt diese entsprechend den
Regeln des Requirement Engineering mit den
Stakeholdern ab und nimmt die Anforderungen
in das Release Backlog auf.
Im Gegensatz zum ersten Weg sind diese neuen
Anforderungen allerdings nicht höher priorisiert
und werden vom DEV Team entsprechend dem
Scrum agile Framework in das Sprint Backlog
übernommen.

Schlusswort

Agile Frameworks werden in den Unternehmen zunehmend eingesetzt und in verschiedene Geschäftsprozesse integriert.
Damit ergeben sich andauernde Konflikte mit dem klassischen Requirement Engineering, da dessen Vorgehensweise andere Prozesse voraussetzt.

Andererseits überwiegen die Vorteile von agilen Vorgehensweisen. So kann schnell auf neue Stakeholder Bedürfnisse eingegangen werden. Ebenso schnell auf sich verändernde Umweltbedingungen. So hatte ich zu Beginn des Booklets die Corona Krise erwähnt, die zu Beginn von 2020 in Europa ihren Anfang nahm.

Um dennoch die wertvollen Aspekte des Requirement Engineerings in die neuen Prozesse zu integrieren, zeigt der Ansatz des Agilen Requirement Engineering eine sinnvolle Ergänzung. Sowohl der agilen Vorgehensweise als auch des klassischen Requirement Engineerings.

Für die Mitarbeitenden in den Teams erfordert dies die Weiterbildung in die Methodik des Requirement Engineering.

Quellenverzeichnis

[I] Requirements-Engineering und -
Management» (dt.), Chris Rupp & die
SOPHISTen,, Carl Hanser Verlag München
und Wien.

[II] Cloud Security Band 2 Best Practice, 2.
Auflage 2021, Dipl. Ing. Uwe Irmer

[III] Agile Requirements Engineering, SwissQ
Consulting AG, Zürich, 2019